澳門普濟禪院（觀音堂）

Templo de Pou Chai
de Macau (Kun Iam Tong)

澳門知識叢書

澳門普濟禪院（觀音堂）

楊開荊

三聯書店（香港）有限公司
澳門基金會

叢書整體設計　鍾文君

責任編輯　　　李　斌

封面設計　　　任媛媛

叢 書 名	澳門知識叢書
書　　名	澳門普濟禪院（觀音堂）
作　　者	楊開荊
聯合出版	三聯書店（香港）有限公司
	香港北角英皇道 499 號北角工業大廈 20 樓
	澳門基金會
	澳門新馬路 61 - 75 號永光廣場 7 - 9 樓
香港發行	香港聯合書刊物流有限公司
	香港新界大埔汀麗路 36 號 3 字樓
印　　刷	正光印刷（香港）有限公司
	香港九龍新蒲崗彩虹道 56 號麗景樓 9F-56
版　　次	2019 年 7 月香港第一版第一次印刷
規　　格	特 32 開（120 mm × 203 mm）128 面
國際書號	ISBN 978-962-04-4516-3

總序

　　對許多遊客來說，澳門很小，大半天時間可以走遍方圓不到三十平方公里的土地；對本地居民而言，澳門很大，住了幾十年也未能充分了解城市的歷史文化。其實，無論是匆匆而來、匆匆而去的旅客，還是"只緣身在此山中"的居民，要真正體會一個城市的風情、領略一個城市的神韻、捉摸一個城市的靈魂，都不是一件容易的事情。

　　澳門更是一個難以讀懂讀透的城市。彈丸之地，在相當長的時期裡是西學東傳、東學西漸的重要橋樑；方寸之土，從明朝中葉起吸引了無數飽學之士從中原和歐美遠道而來，流連忘返，甚至終老；蕞爾之地，一度是遠東最重要的貿易港口，"廣州諸舶口，最是澳門雄"，"十字門中擁異貨，蓮花座裡堆奇珍"；偏遠小城，也一直敞開胸懷，接納了來自天南海北的眾多移民，"華洋雜處無貴賤，有財無德亦敬恭"。鴉片戰爭後，歸於沉寂，成為世外桃源，默默無聞；近年來，由於快速的發展，"沒有甚麼大不了的事"的澳門又再度引起世人的關注。

這樣一個城市，中西並存，繁雜多樣，歷史悠久，積澱深厚，本來就不容易閱讀和理解。更令人沮喪的是，眾多檔案文獻中，偏偏缺乏通俗易懂的讀本。近十多年雖有不少優秀論文專著面世，但多為學術性研究，而且相當部分亦非澳門本地作者所撰，一般讀者難以親近。

有感於此，澳門基金會在 2003 年 "非典" 時期動員組織澳門居民 "半天遊"（覽名勝古蹟）之際，便有組織編寫一套本土歷史文化叢書之構思；2004年特區政府成立五周年慶祝活動中，又舊事重提，惜皆未能成事。兩年前，在一批有志於推動鄉土歷史文化教育工作者的大力協助下，"澳門知識叢書" 終於初定框架大綱並公開徵稿，得到眾多本土作者之熱烈響應，踴躍投稿，令人鼓舞。

出版之際，我們衷心感謝澳門歷史教育學會林發欽會長之辛勞，感謝各位作者的努力，感謝徵稿評委澳門中華教育會副會長劉羨冰女士、澳門大學教育學院單文經院長、澳門筆會副理事長湯梅笑女士、澳門歷史學會理事長陳樹榮先生和澳門理工學院公共行政高等學校婁勝華副教授以及特邀編輯劉森先生所付出的心血和寶貴時間。在組稿過程中，適逢香港聯合出版集團趙斌董事長訪澳，知悉他希望尋找澳門題材出版，乃一拍即合，成此聯合出版之舉。

澳門，猶如一艘在歷史長河中飄浮搖擺的小船，今天終於行駛至一個安全的港灣，"明珠海上傳星氣，白玉河邊看月光"；我們也有幸生活在"月出濠開鏡，清光一海天"的盛世，有機會去梳理這艘小船走過的航道和留下的足跡。更令人欣慰的是，"叢書"的各位作者以滿腔的熱情、滿懷的愛心去描寫自己家園的一草一木、一磚一瓦，使得吾土吾鄉更具歷史文化之厚重，使得城市文脈更加有血有肉，使得風物人情更加可親可敬，使得樸實無華的澳門更加動感美麗。他們以實際行動告訴世人，"不同而和，和而不同"的澳門無愧於世界文化遺產之美譽。有這麼一批熱愛家園、熱愛文化之士的默默耕耘，我們也可以自豪地宣示，澳門文化將薪火相傳，生生不息；歷史名城會永葆青春，充滿活力。

吳志良

二〇〇九年三月七日

目錄

導言

　　澳門小城廟宇甚多，而且大都建於社區中，多年來與市民的生活，乃至傳統習俗融為一體。相信由於古代澳門人多從事漁獵活動，長年在大海中飄泊，逐漸產生了對神的崇拜，而漸漸建廟供奉；另外，澳門是個以移民為主的城市，各地民眾將其原籍地的信仰和習俗帶到澳門，並在此落地生根，各種宗教信仰在澳門基本上和平共處，因而出現了形形色色的廟宇。除此之外，華人固有的 "五緣文化" 影響深遠，即血緣、地緣、神緣、業緣、學緣等關係，其中的神緣，就是人們因尊崇共同的神而結緣。故此，信仰也成為凝聚社區的元素。而澳門居民的信仰，既有農業文化古老基因，又受着海洋文化的影響，開放而包容，且不拘一格。在澳門，市民生活的社區總有廟宇，而廟宇富有南方特色，儒、釋、道交融。同時因為特殊的歷史環境更賦予了澳門廟宇許多的角色和職能，例如在官府與民眾之間的仲介作用、協調人際關係、商議公事等，令廟宇成為華人社區的活動中心。不少廟宇甚至擔當着官廟的角色，這是因為清代官方在澳門並沒有設置衙門，官員來澳門駐節，便選擇在廟宇居住，或利用廟宇處理公務、簽署文件等。

澳門歷史上具有多重職能的廟宇不少，而普濟禪院，又被稱為觀音堂，便是一座蘊含豐富歷史故事，以及擔當多重職能的寺院。該廟位於昔日的望廈村，佔地廣袤且橫連多座，是小城中宏偉而具特色的嶺南建築，為本地居民與旅澳遊客所熟知，與蓮峰廟、媽閣廟並稱澳門三大古剎。寺廟側祀壇刻有“天啟七年”（1627 年）的石碑，以及大殿內那座澳門現存最古老的鐘鼎，上面有“崇禎五年”（1632 年）銘文，可作為追溯其起源的依據。

現時在美副將大馬路，可見一片淡綠色與白色交替的圍牆下，令廟宇顯得相當清幽。遊人步入觀音堂，或許會被門口的“貝葉傳經西天竺境，蓮華妙法南海潮音”對聯吸引，當中蘊含豐富意境，不妨慢慢參透其玄機。進門後是一幅彌勒佛畫像，人們可以從不同角度與畫像中的笑佛對望，然後不期然地也笑了，忘卻世事紛擾。每年"觀音開庫"的傳統日子，寺院必定擠滿了祈福"借錢"的人潮。這座歷史悠久的寺廟，無疑已融入了澳門老百姓的生活中，承載着市民的寄託和心願，乃精神棲息之園地。

觸摸風物古蹟，觀音堂內藏着的更是豐富的歷史故事。這裡是佛教大師靜修南禪曹洞宗之地，遺存了珍貴文物，留下了文人騷客的珍貴墨寶，也是嶺南書畫家高劍父在抗日戰爭時期曾經寓居於禪院內作畫授徒的舊址；還有明清交替之際的遺民逃禪，或是清末朝廷積弱留下中美簽署不平等條約的歷史傷痕，或是抗日戰爭的愛國情懷，廟宇都是見證者，與國運的起伏共命運⋯⋯關於觀音堂，人們還會想到那棵帶有淒美殉情民間故事的連理樹，已列入《澳門文物名錄》的歷史古建築，甚至乎也曾經是教授功夫之地，可謂乃文乃武。觀音堂以其不拘一格和包容的氣度，見證了，也締造了不平凡的歷史。

細心探索這座聞名的古剎，值得挖掘更多的奧秘。比如，普濟禪院為何被稱為觀音堂？寺院緣何採用綠色作為主色調？現時禪院內祖師堂供奉着的大汕和尚的自畫像，大汕和尚被視為開山祖師，但出家人留長髮原因何在？寺院內有妙香堂，何以有人視之為春睡畫院？

　　我們將從寺院風雲跌宕的歷史中，一起尋找這些問題的答案。

普濟禪院柔和的綠色圍牆

禪院往事

觀音傳說

　　澳門向來受海洋文化的影響，更因為小城純樸和
包容的氛圍，舶來文化與本地文化在此地交融並存。
宗教文化亦然，各地民眾帶着各自的信仰來到澳門聚
居並在此繁衍，在這裡立像建廟，寄託精神信仰。目
前澳門有大小廟宇四十多處，分佈在市民生活區。

　　普濟禪院，大眾通常稱之為觀音堂，為澳門三大
古剎之一，位於古老的望廈村，環境清靜。從高處鳥
瞰寺院全景，可謂佔地廣袤，橫連多座大殿的古建
築，宏偉、莊嚴而簡樸。寺院後山闊大，樹影幽深，
數百年來與小城一起發展變遷。

　　走進這座數百年歷史的普濟禪院，或許人們會留
意到，寺中僧人總是熱心地介紹這樣的一個傳說：約
明末年間，澳門的望廈村來了一位和尚，經過長途跋
涉後，在這環境優美、人傑地靈的地方安頓。那時村
裡有一棵野生樟樹，盤古木根，靈氣十足。那和尚便
將隨身攜帶的一幅觀音畫像懸掛於此樹上，每日盤膝
而坐於樹下，修行募化。當時在望廈村中居住的，主

要是來自潮州和福建的移民，大都信奉佛教。他們得知村中來了一位和尚，而且時常在樟樹下誦經唸佛，於是聞風而至，漸漸吸引了不少村民及信眾，不時聚在樟樹下，一則向僧人施與化緣，同時也虔誠敬拜。眾人有感觀音大士有求必應，異常靈驗，於是聚集者日眾，信奉之人不斷增多。

　　該傳說還有下文：有一天，和尚將觀音畫像取下拂塵，無意中回頭一望，竟驚覺這棵古老樟樹的形態與觀音菩薩極為相似，猶如觀音顯靈下凡，這可不得了。於是，和尚用村民捐施的資金，立即請來了工匠，將那棵樟樹雕刻成觀音像，並配上布衣。為了表達敬仰，他們利用捐款在樟樹旁簡單地建了一個小亭以供奉觀音，也可以讓信眾躲避風雨。不說不知，原來那經過精心雕琢的樟木觀音像，正是現時安坐於禪院觀音大殿中供信眾參拜的觀音大士。神像有別於其他大殿的泥塑神像，現在全身貼上金箔，穿上由信眾捐贈的布衣，露出面部和雙手，經歷了數百年，靈氣依然，實在珍貴，也加深了信眾對觀音的崇拜之意。這些傳說無疑為觀音堂增添了傳奇的色彩。

　　關於寺廟的由來還有這樣的故事：明末時期，不少外地人士來到澳門，尤其是閩籍的移民甚多，他們大都聚居在望廈村一帶，當中信奉神佛者眾多。其時，在望廈村之西有一所觀音小廟，原只為稀少的村民所用，故古廟面積非常狹小，未能滿足不斷增加的外來人口對求佛的需要。因此，每逢觀音誕或者傳統節日，小廟便擠滿了原村中人，而那些來自外地的一眾閩籍人，則只能站在小廟的窗外觀看，不得其門而入。因此，為了寄託精神信仰，他們便自行籌集資金，在和尚籌劃所建的小亭子基礎上加以興建，成為望廈村中的一座寺廟，也順理成章敬拜那座由樟樹雕刻而成的觀音像。誠然，寺廟當時的規模，尚不能與現時的觀音堂相提並論，但已能滿足閩籍人士參神拜佛之心意，故而更稱之為觀音堂。

望廈古村

　　可能現在的年輕人不太了解，昔日澳門由多條古村落組成，觀音堂所處的望廈村為其中之一。該村在今天美副將大馬路、蓮峰廟一帶，離關閘不遠。說到望廈村，早年為澳門的大村落，澳門多幅古地圖中都可找尋望廈村的位置。《澳門紀略》中的地圖也可見。而根據王文達先生的《澳門掌故》，村落最興盛時有街巷 130 多條，村口還有一道閘門，而閘門上用草書刻寫"望廈"二字。至於望廈村何時建立，則未能考證。然而，昔日有一俗諺云"未有望廈村，先有何家祠"，祠堂位置約在今天的美副將大馬路中，還有沈氏宗祠，以及趙、許、黃等姓祠堂。自從閩籍人士大量移居此間後，人口便不斷增加，其中以何氏宗祠最大最久。當時望廈村中人以耕作為生，開鑿水井為飲用。村屋多屬矮屋低簷，村外種植竹、樹為屏障。自從閩潮人士移居此間後，開枝散葉，遂各建宗祠，在此建立自己的族群，村莊亦漸漸繁榮。村內住有村民約有 500 餘家，如前所述，主要有趙、何、沈、黃、許諸姓。

誠然，隨着社會發展，村落已被城市取代，街巷與水井也已成為歷史古蹟，供歷史愛好者探索和想像。如果大家經過觀音堂，也可看見旁邊的望廈坊眾互助會（康真君廟）門前，還有一口已被水泥封了的古井。而現時羅神父街通往美副將大馬路間，仍可找到種種昔日村落中街巷的印記，不時能看到矮屋和老街名偶爾存在，如布巷、田螺里、通衢里、草蓆巷、草蜢巷、養樂圍蛤巷、牧羊巷等等，依稀感受到鄉村的味道和氣息，想像當年村落的模樣。

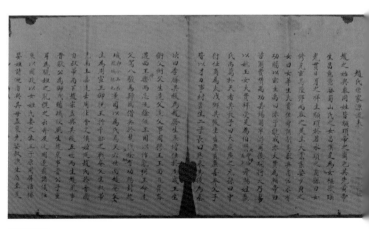

趙氏族譜

《澳門紀略》中地圖上的望廈村和觀音堂
（約十八世紀中）

現位於羅神父街與美副將交界處，仍保留着當年望廈村的小屋及布巷

考證源流

　　關於觀音堂的歷史，除了種種傳說外，現時可供我們考證的古物，當然可作參考佐證。首先，寺廟側面的祀壇裡的一塊石碑，上款刻着"天啟七年七月吉旦立"，石碑中央刻有"祀壇"，下款為"南邑許望官喜檜"。該祀壇位於現時禪院右側的花園，通常門禁深鎖，遊人止步。筆者曾經入內，發現裡面主要是安奉了不少先人的骨灰，甚為幽深。立碑者許望官為南邑人。筆者查找資料，南邑這地名之來源分別有 3 處：福建省的南安縣、廣東省的南海縣，還有河北省博野縣。歷史學者多排除了河北省之可能性，主要在閩省與粵地之間各有執持。認為福建之說，乃因當時望廈村多為福建籍人士，連村名也為"望廈"，正可反映村中人對故鄉福建廈門的鄉愁之情。而另一意見則認為立碑人許望官應屬廣東的南邑。譚世寶先生這樣推斷，通常對本省內語境中慣用的簡稱，如果此人並非粵籍，理應在縣名前加上省名。當然，他也不排除其時的閩籍人士已不分彼此，甚至反客為主地將自

祀壇石碑

己視為本省人了。誠然，這祀壇石碑與觀音堂是否有直接的關係，尚難以確定，後人在觀音堂碑誌中略有提及祀壇石碑"澳門望廈村之普濟禪院，創自明天啟七年……"，卻未有正式文獻記載。因此難免令人聯想，該祀壇會否是當時村民為拜祭先人所設。這些問題，總應該嚴謹看待，還有待我們進一步探索。相信許望官立此碑時，大概沒有想到，他在為後人留下重要歷史依據的同時，也帶來了未解之謎。

與寺院有較為直接聯繫的另一件古物，無疑是大雄寶殿右側懸掛着的一座鼎鐘。雖然經歷了歲月，留下滄桑痕跡，然而幸運的是鐘上的字跡仍然可辨，細看之下可見文字為：

風調雨順　國泰民安　鐘　一口重四百餘斤　奉於　觀音堂永遠　供奉祈求諸事　勝意　崇禎五年正月吉日立。

由此，我們至少可知，明末的 1632 年，觀音堂廟宇及其名稱已經存在了。說到寺院的鼎鐘，大概我們都知道，當廟宇運作上了軌道，或具一定規模時，

鑄造於崇禎五年正月的大鐘，"觀音堂"三字依稀可見

為隆重其事，便懸掛鐘鼎，以示廟宇地位的確立。觀音堂的鼎鍾，據寺院僧人說，每逢農曆初一和十五的早上六時便敲 108 響，其意就是 "聞鐘聲，煩惱輕，智慧長，菩提增，離地獄，出火坑，願成佛，度眾生"，即是消除人世間的種種苦痛。觀乎此鐵鐘，有相當分量，可推斷當時的觀音堂已經是一座正式的廟宇。這座澳門現存最古老的鼎鐘，已經與小城一起共度了近 400 年風雨。

以上兩件珍貴古物，為我們了解寺廟的歷史提供了實物考證。除此之外，寺院中的多塊碑誌，也記錄了觀音堂的歷史和變遷。例如，在 1817 至 1818 年，普濟禪院的秉機和尚，即觀音堂第五代住持，對寺廟進行了較大規模的修葺和加建，包括增高了殿宇，加建石欄，並由澳門舊城之水坑尾門起，築一石板道路，經荷蘭園、塔石、龍田村，然後直接可達普濟禪院門前。這不但令當時的廟宇煥然一新，也為敬拜和進香的信眾提供了極大的便利。此次重修，望廈村之名士趙允菁孝廉（1768－1834 年）撰《重修普濟禪院碑誌》，詳細說明了禪院的始末。根據王文達先生在

《澳門掌故》所載，及譚世寶先生於《金石銘刻的澳門史：明清澳門廟宇碑刻鐘銘集錄研究》中的校點，現將碑文的內文摘引如下：

澳門，中州南盡，外瀕大海，洶湧萬狀。其中闢徑一隅，望之蔚然深秀者，望廈村也。澳地百貨充牣，商賈雲集，獨此桑蔴雞犬，有古桃源風。村故有普濟禪院，為閩之三山溫陵世居澳地者，合力公建香火以奉祀神明。廊徑幽邃，殿宇宏深。入其境者，翛然靡埃之外，而與泆穆者屬，其始建及重修，向無碑誌，年月莫攷。歲久風雨蠹蝕，慮無以妥神靈而肅觀瞻也，因釀資鳩工增高而鼎新之。殿前捍以石欄，其由水坑門入院之路，盡平以石。瑰偉壯麗，金碧交輝，如神仙之排雲出，而金銀臺為之湧現也。經始於嘉慶丙子之冬，越戊寅之秋落成。蓋貲費鉅萬，地益傑而神益靈矣……

趙允菁為舉人，才學出眾，乃昔日望廈村的文人。碑誌優美文筆也被後人稱頌。值得一提的是，趙家是當時望廈村的望族和官紳，清乾隆五十二年

（1787 年），趙氏第 25 世趙元輅考得鄉試第 18 名舉
人，而其長子趙允菁於嘉慶年間考得鄉試第 4 名，被
時人形容為"父子登科"，也是澳門在科舉上最具成
就的家族。"父子登科" 牌匾至今仍懸掛於營地街市
附近，趙家巷內的趙氏宗祠。

　　除此之外，寺廟中還有多座不同時期鑄造的鼎
鐘，如康熙四十一年（1702 年）、嘉慶二十二年
（1817 年）的；而較近期的也有機修和尚（住持）和
徒弟釋良悟法師於 1999 年所立的。各鼎鐘見證着觀
音堂的發展。

　　從以上種種傳説以及文獻史料考證，我們有理由
相信，觀音堂創建自明朝末季，初時只是一個甚為簡
陋的小亭子，望廈村的閩籍村民用作祭祀及參拜那
由樟樹所雕的觀音神像，其後當地閩籍人士擴建成寺
廟。因恭奉觀音，故名為觀音堂。

南禪曹洞宗傳澳

長壽智燈傳普濟

前一章一直提到的觀音堂，何以廟宇正門的牌匾寫着"普濟禪院"呢？而且在較後期的澳門的古籍中，也陸續出現了關於普濟禪院的記載。例如，章文欽先生指出：現查文獻中最早提及普濟禪院，為詩僧成鷲跡刪和尚，他於康熙三十一年（1692年）寫的詩，名為《遊澳門宿普濟禪院贈雲勝詩》，至少可知，十七世紀末便有禪院的名了。由印光任、張汝霖編撰於1751年的《澳門紀略》中便提到"舊有普濟禪院"。《香山縣誌》中亦寫道："普濟禪院在澳門望廈村。" 其實寺院內祖師堂《歷代祖師菩薩蓮座》兩旁的對聯，可為我們解開謎團：長壽智燈傳普濟，峽山明月照蓮峰。"長壽" 所指的是廣州的長壽寺，原位於荔灣區的長壽路，可惜現已消失了。然而，我們不妨探索該寺院的簡史，自會發現與澳門關係極大。長壽寺原名長壽庵，由廣州一位孝子巡按御史沈正隆始建於明萬曆三十四年（1606年），為其母親唸佛之用。曾經與華林寺、光孝寺、海幢寺，以及大佛寺並

廣州長壽寺（1858 年皮埃爾‧羅西爾拍攝）

稱廣州"五大叢林"。

在此我們不能不提一位重要的歷史人物，就是一代名僧，被後人稱為普濟禪院開山祖師的石濂大汕（1633－1705 年），大汕和尚字厰翁，號石濂，一作石蓮、石湖，俗姓徐，有說他是江蘇吳縣人，也有一種說法指他為江西九江人。在清康熙年間，大汕來到廣州，這位充滿才情，在上流社會交遊甚廣，而且文采出眾的僧人，因得到時值在廣州鎮海樓召集畫師繪畫傳世的平南親王尚可喜的支持，籌得款項，主持重建長壽庵，並更名為長壽寺。重建後寺內有懷古樓、半帆亭、假山、花草等等。長壽寺"文木為樑、英石為壁，取房奧室，備極精工"，一時成為當時廣州上流社會聚會的重要場所。

大汕和尚出生之時，正是明末崇禎年間，由於動盪不安的時局，他 16 歲便在蘇州出家，但卻是個披頭留長髮的僧人。稍後我們再詳談他的生平。而大汕與澳門普濟禪院結緣，與他分別在長壽寺和肇慶的飛來寺擔任過住持有關。這兩座寺院都是以禪宗為法脈，均由他籌款進行了大規模的重建。值得一提的是，佛教禪宗由達摩在中國傳播，到六祖慧能門下的全盛時期，發展成 5 個宗派，包括臨濟宗、曹洞宗、法眼宗、溈仰宗、雲門宗，所謂一花開五葉。大汕和尚是當時名僧覺浪道盛的法嗣，為禪宗的曹洞宗派系。該宗派由唐代洞山良價和他的弟子曹山本寂開創。長壽寺和飛來寺正是奉行禪宗的曹洞宗。

大汕與澳門普濟禪院的淵源，可以追溯至康熙三十四年（1695 年），當時安南（越南）阮福周政權遣使來廣州，特意邀請大汕前往順化主持佛事。在當時來說，路途可謂甚遙遠，而十七世紀的澳門，已是華洋共處之地，澳門便成為他前往外地的平台。他選擇經由澳門赴越南當國師傳戒和弘法。在澳期間，他便在觀音堂掛單，因此與觀音堂結緣。大汕此次赴順化授戒傳法很受歡迎，在當地曾有一次授戒竟然吸引 1,400 多人參與，被信眾尊為 "國師"。正因為越南傳法之行，令他籌得資金甚巨，也令澳門的普濟禪院得益於此因緣。在大汕回程經過澳門時，即康熙三十七年（1698 年），他將越南籌得的款項，大量捐助澳門，在原來閩人所建的觀音廟基礎上，興建普濟禪院。其時他委派了徒孫循智法楷和尚為普濟禪院的第一任住持，並負責將寺院擴建的工作。這次主要是對寺院中央和殿宇的擴建，也是首次的大型修建，形成了相當的規模。禪院後人一直將大汕尊為開山祖師，供奉在現時寺院的祖師堂中，而澳門普濟禪院，與它的祖庭，廣州的長壽寺及肇慶的飛來寺皆同出一法門。

而時值明清鼎革之際，明朝的遺民對清朝極為抗拒，不少人情願選擇出家入禪院當和尚，也不作清朝的順民。普濟禪院便成為避世者的棲息地之一。

擴建重修

多年來禪院有過幾次大規模的重修擴建，包括上述提到，大汕和尚在 1696 至 1698 年間，從越南弘法中獲得巨資捐款回來，委託徒孫循智和尚進行的首次大規模擴建，以及 1816 至 1818 年期間，由禪院第五代弟子，也是第五任主持秉機和尚（秉機新權）籌劃主事進行的第二次重建和修復，這一次還為重修寺院建了碑誌。

　　其後，第三次重修約在 1858 年間，由暢瀾和尚規劃及募捐，並作了較大程度的修建，完善了廟宇左右兩邊的大殿，基本形成現時各殿堂的格局。當時暢瀾和尚得到澳門海防同知馬增頤所撰誌，翰林院編修曾望顏書碑。現時碑文也已經模糊了。根據王文達先生的記錄，碑文如下：

　　前山之前，南溟之南，沐日浴月，萬象包涵，枕山帶海，翠擁雲龕，詢覽勝者所必幽探，而採風問俗者尤宜停驂者也。余於丁巳冬，權篆斯士，巡閱澳門，道出望廈，見夫桑柘人家，熙熙皡皡，如登春臺，而林木參差中，有殿宇巍峨者，父老為余言曰：此普濟禪院也。因詣院拈香，見簷廊坍塌，颶風飄颻，各殿亦蠹蝕難支，披讀趙君允菁孝廉碑記，知於嘉慶丙子重修，迄今四十有八年矣。傾圮頹垣，非所以妥神靈而昭象教也。公餘之暇，與都人士商擢鼎，所愧鶴精微薄，不足以潤江河。因諸子踴躍，樂善釀金萬餘。庀材鳩工，於院之西偏，添建地藏殿一座，傍祀十王。於院之東偏，拓三弓地，開數椽軒，顏曰綠雲，可以調素琴、閱金經，碧繞几席，馨播諸天，

9—MACAU—Pagode de Cun Iam T'ong
(The Koon Yam T'ong Chinese Temple)

普濟禪院正門（約 1930 年代）

觀音堂右側的武帝廟和福德祠（約 1920 年）

趺坐移時，翛然有塵外想。其餘各殿悉仍舊規，而簷材黝堊，幾於權輿，以咸豐丁巳仲冬經始，越戊午涂月（年農曆十二月）落成。金碧炫耀，大觀在上焉⋯⋯

與澳門其他的寺廟一樣，觀音堂也曾不幸地經歷了祝融之害。1866 年，禪院發生了一場火災，造成嚴重的損害，其後在 1868 年進行了修復工程。

而較近的一次修葺，是在 1944 年，時任住持慧因和尚籌劃了較大規模的工程，主要是修復了禪院的後花園，同時在簽署《望廈條約》（1844 年）的位置豎立了一塊石碑，並且在後山花園建置多個涼亭，令環境更為清幽雅致。也就基本上為目前整個禪院的規模。

儒釋道兼容

普濟禪院，顧名思義，乃奉行佛教禪宗的法門。人們經過禪院，一道綠色的外圍牆和寬闊的前地令人倍感寧靜與清幽。大門的對聯 "貝葉傳經西天竺境，蓮華妙法南海潮音" 在提醒着人們，此地為佛教莊嚴聖地。貝葉是棕櫚樹的葉子，2000 多年前，古印度人用以刻寫佛教經文，是古文獻的一種載體，現時人們常稱之貝葉經，而天竺是古代中國人對印度的稱謂；蓮華妙法是指佛教經典《妙法蓮華經》，其中含意為 "白蓮花"，以其出淤泥而不染，比喻佛法的聖潔；而同時，澳門乃蓮花之地，也讓人想到潔白和清淨；至於南海潮音，人們自然就聯想到觀音大士在普陀山潮音洞顯靈之地，據知古時在普陀參拜的香客，多在潮音洞前叩求觀音菩薩現身。由此可見，禪院門前的對聯，意指佛教從起源地印度傳入，在此發揚光大；觀音菩薩在澳門蓮花之地普度眾生。踏進普濟禪院，就進入了這個以信奉觀音為主的佛教聖地。

如上所述，觀音堂奉行的法脈是佛教禪宗的南禪曹洞宗，與廣州長壽寺和飛來寺同出一脈。然而，與澳門許多廟宇一樣，也受着不拘一格的嶺南風氣影響，蘊含了釋、道的文化，更有民間信仰。在觀音堂各殿宇內，可見華嚴三聖、藥師佛、地藏菩薩和彌勒

普濟禪院入口的對聯

彌勒佛畫像

佛等，也有道教的天后和關帝。這些皆為市民大眾所信奉，既有佛，也有神。隨着時代的發展，觀音堂同時也修淨土宗法門。在澳門，人們常見不同宗教和諧共處，寺廟中兼容道佛兩教，甚至許多場合中，佛教和天主教代表同時參與法事或祈禱。

我們若走進觀音堂，自有一派古樸清靜之意境滲入心田。穿過花園進入第一大殿，即為大雄寶殿，雖然並非宏偉壯觀，卻透着莊嚴的氣派。該殿主要供奉佛祖釋迦牟尼佛，還有彌勒佛，以及在佛祖左右的文殊菩薩和普賢菩薩，被稱為華嚴三聖，代表智慧和德行。從旁邊的走廊，抬頭可見牆上依稀仍存的壁畫，即便被歲月磨損，仍然掩不住豐富的藝術氣息和佛教色彩。從走廊可進入藥師殿。這是主保佑健康、長壽、消災解難等的藥師佛，吸引不少信眾在此為家人祈求安康。在該殿堂中有一幅匾額，題有“法雨彌天”四個蒼勁有力的大字。原來這匾額也大有來頭，是清朝廣東水師提督李光顯親筆所書，可見禪院當時的地位之重要。其實禪院中留下了不少名人的字跡，稍後我們再詳談。

藥師殿上的"法雨彌天"橫匾

　　而第三殿是禪院的主殿，即觀音殿。香客敬奉的觀音大士自然為大家所熟悉。在大眾心中，觀音也被稱為觀自在菩薩，代表慈悲為懷，他雲遊天下四方，普度芸芸眾生，悲憫百姓，具有救世的法力。據知觀世音菩薩是佛教中慈悲和智慧的象徵，無論在大乘佛教還是在民間信仰，都具有極其重要的地位，以觀世音菩薩為主導的大慈悲精神，被視為大乘佛教的根本。由於觀世音菩薩具有平等無私的廣大悲願，當眾生遇到任何的困難和苦痛，如能至誠稱念觀世音菩薩，就會得到菩薩的救護，而且，觀世音菩薩最能適應眾生的要求，對不同的眾生，便現化不同的身相，說不同的法門。指觀世音菩薩為濟度眾生，順應各種機類而示現之三十二種形相。據首楞嚴經卷六載，其示現之相及應化因緣（應以何種身分得度者，即現何種身相為其說法，令彼解脫）。所以該殿往往聚集不少市民，或參拜，或感恩還願。大家可曾聽過西方三聖和四大菩薩？按照佛教的教理，觀音是大乘佛教西方極樂世界教主阿彌陀佛座下的左脅侍，與右脅侍大勢至菩薩並稱為西方三聖。同時，觀音又與文殊、普

觀世音菩薩像

賢、地藏共同被視為四大菩薩。該殿堂兩旁也安奉了跟隨釋迦牟尼佛修行的十八羅漢像。有趣的是，當中有一位引起關注也經常被討論的羅漢，看來貌似外國人，以往常常被人稱之為馬可·孛羅。細看此位羅漢之大名，是賓頭盧·頗羅墮闍尊者。其原名梵文是 Piṇḍola Bhāradvāja。賓頭盧出生在印度的婆羅門家族，年少時跟隨釋迦牟尼佛出家為僧，並且證得阿羅漢和六大神通。根據經書的記載，賓頭盧有長白的鬍子和眉毛，一臉壽相，卻保持着童心，喜愛玩耍，還會發獅子般的吼音，佛陀授為弟子之中"獅子吼第一"之稱。但由於常常在世人面前顯露神通之力，也因此被佛陀指責，並制定戒律禁止。而觀音堂內的這位賓頭盧羅漢造像極為特別，鬈曲黑髮，雙目巨大而有神，還長了小鬍子，相貌有別於傳統的東方神像。因此，有人認為此乃大汕和尚到越南傳佛後，與外間多有交流接觸，思想開放多元，因而將其中一位金身羅漢的泥塑佛像造成外國人的樣貌，也體現了澳門開放的文化特色。

　　普濟禪院開放和多元的特色，還可在西廳裡感

觀音堂內的賓頭盧‧頗羅墮闍尊者（十八羅漢之一）

受到。該廳的首座殿宇供奉天后,也就是廣大閩籍人士、漁民,以及市民信奉的媽祖娘娘。事實上,媽祖信仰在澳門已廣為流傳,歷史悠久,信眾自各地而來,香火極盛,道教文化在禪院獲接納,讓不同信仰者皆有所寄託。西廳的第二殿宇是地藏殿,又有另一種氛圍,殿堂中央是一臉公正不阿、具震攝力的地藏王菩薩。正所謂地藏菩薩發願:"眾生度盡,方證菩提;地獄未空,誓不成佛。" 大願地藏王菩薩的聖德乃冥陽兩界所共同瞻仰的。

此外,兩旁還有大家經常在電視劇中看到的十殿閻王和黑白無常鬼判官等。十殿閻羅是民間信仰,流傳主管地府十殿的十個掌控者,其說始於唐末,是統治陰曹地府的主宰,下轄城隍土地、府縣境主、文武判官、日夜遊巡、陰陽諸司、牛頭馬面、黑白無常、夜叉鬼卒等諸部鬼吏,負責審判陰魂,給予受報投入六道輪迴。十殿閻王之名分別為:一殿秦廣王、二殿楚江王、三殿宋帝王、四殿仵官王、五殿閻羅王、六殿卞城王、七殿泰山王、八殿都市王、九殿平等王、十殿轉輪王。神像雕刻得栩栩如生，入形入格，像是審視着世間之人，告誡因果報應的道理，將所作的功德或罪孽在人生終結時來個審判，具警世之作用。

　　經過了這座讓人反思警醒的閻王殿，就進入西廳的後座。這裡有語清堂、龍華堂，以及靜樂堂，其正中就是祖師堂，供奉着一幅甚為奇特的畫像：一僧人席地而坐，一頭披髮頭陀相，畫像不落俗套，筆法清秀。這正是禪院的開山老祖大汕法師的自繪像，不愧被稱為畫僧。

　　人們常道澳門受着嶺南文化的影響，而嶺南古時為百越之地，從地理環境而言，是中國南方最大的橫向構造帶山脈，被視為長江和珠江兩大流域的分水嶺。可以說，嶺南文化的根源是農業文化和海洋文化，不斷吸收和融匯中原文化和外地文化的結果，因而具有很強的包容特色，同時也在原來的基礎上不斷發展，而且變化多端。甚至有學者認為，嶺南佛教的一大特色就是各行其道，佛門的清規戒律對南方的佛教界難以作出制約。然而，從另一角度而言，南方的佛教更貼近市民和大眾化，俗稱更

禪院的祖師堂內供奉着的大汕和尚的自畫像

入世，也易於讓世人接受。如果說兩晉南北朝時期是譯經僧，唐宋時是市井僧和流放僧，那麼明清鼎革之際，那主要就是遺民僧了。或許正是由於佛教文化源流的深遠，在特定的歷史時期，形成了嶺南佛教的特點，並且在澳門得到發展。由於開放的文化特色，澳門佛教文化在嶺南不受傳統佛教的嚴格規範，是小城多元和包容的體現，釋道兼容。而當中的代表人物，就是大汕和尚。

大汕宗風與名僧足跡

發黃的廟譜

翻開一本已經發黃的觀音堂廟譜，呈現於眼前的是普濟禪院的法脈傳承，以及歷代祖師和住持的資料，讓我們可追尋一些被遺忘的人與事。這是由遐齡和尚在民國時期編纂的傳法圖譜，名為《觀音堂法源圖譜》（遐齡寫存）。《圖譜》完好保存着，內文所見，他也要求佛門中子孫各代需抄寫和完善，不斷延續。由此可知，該《圖譜》的整理可追溯的版本乃由遐齡共享（遐齡和尚）編寫。遐齡為禪院的第八代弟子，曾任媽閣廟住持。現在可找到的《圖譜》版本是民國時期，由第十一代弟子見圖耀融和尚整理，並在他的師叔（或師伯）慧因和尚的指導和參與下，基於遐齡和尚較舊的廟譜上，搜集相關資料，查閱舊檔案後，重新整理抄寫完成的。他在序言中說明，《圖譜》對於了解禪院源由之重要，以免社會以訛傳訛，抄寫者寫下：於民國十四年歲次乙丑元月十七日，見圖耀融書於正覺禪林內室。在此一提，正覺禪林在媽閣廟內，當時由普濟禪院僧人管理。

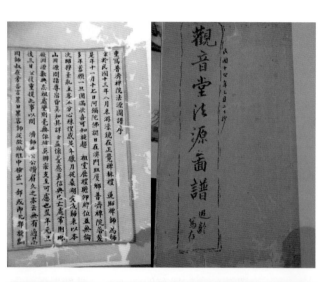

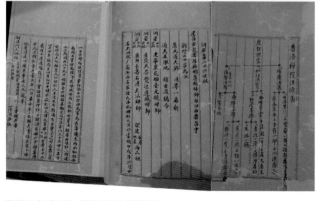

遐齡和尚編修的《觀音堂法源圖譜》

　　觀音堂為子孫廟，法脈代代相傳。《圖譜》開宗明義說明宗派的傳授，以及傳法至澳門普濟禪院的始末。當中明確寫明了廣州長壽石濂大汕禪師為洞宗的第二十九世祖，同時為廣州長壽和肇慶飛來寺兩廟的開山祖師，也記錄了大汕曾經被安南國王詔為國師，有呼風喚雨之能。他的弟子是慶餘興宗，而徒孫循智法楷，也是澳門普濟禪院的初祖，即第一任住持。

　　誠然，有學者對於循智是否大汕和尚的徒孫提出商榷，史學大家姜伯勤先生就曾進行深入研究，並指出大汕應為循智法楷的徒孫。如此大的反差，推翻了人們一向的認知，這當然有他的依據。其理據之一，是基於慧因住持在後山安奉祖師的普同塔所誌："本山自天啟三年由循智祖師斥衣鉢資購下。崇禎五年建斯普同塔……"按此說法的話，循智和尚早於 1623 已經斥資購買此山，1632 年建塔，因此明末期間便在禪院活動，較以上提到大汕於 1696 年從越南回澳門，修建禪院的時間，早了七十多年。還有，姜先生根據各種史書中記載，指出曹洞宗的世代排位，當中有 "五代疊出" 之例，即是，大汕的二十九世祖，其

大汕和尚像（民國十八年即 1929 年，浴佛節後
三日博羅盧鎮寰繪，番禺胡毅生題）

實是三十四世，而循智法楷（曹洞宗第三十一世祖）實際上是二十六世，而且循智和尚也曾經"主席長壽"等等。這的確值得思考。

然而，筆者細看《圖譜》中內容，發現這一點：

洞宗第二十六世祖，建昌黃龍壽昌無明慧經禪師住江西壽昌寺，創續二十字為脈：慧元道大興、法界一鼎新、通天並徹地、耀古及騰今。

也就是說，傳授佛法的子孫，需按照此 20 字為法名排序，而代代相傳。當中可見石濂大汕（大），他師傅覺浪道盛（道）排在他之前，大汕門下的弟子是慶餘興中（興），以此類推，都跟隨此洞宗派別的規範。於是，再看循智法楷（法）排列順序，就說明了他與大汕相差兩代的依據，為其徒孫關係又是很合理。至於慧因地本和尚（"地"字也按規矩排）所誌的碑文，由於沒有標點，是否有其他解讀或者另有因由，則有待研究。

歷史往往留下許多的懸念，也是給後來者更多探索和思考的空間。關於大汕與循智的關係，我們只能

遐齡和尚像

期待挖掘更多的史料以資佐證。在未有更確鑿的證據前，筆者尚且以《圖譜》的記錄、觀音堂整理的歷傳表、祖師堂的排位，以及後山的"大汕宗風"牌坊等作為依據，可信普濟禪院初期的興建以及禪宗的傳播與大汕息息相關，其功德毋庸置疑。而他的徒孫循智法楷，被安排負責擴建寺院，同時在普濟禪院擔任第一任住持，由此開始了普濟禪院在澳門的發展。

大汕的傳奇人生

觀音堂後花園有一牌坊，以大汕宗風為題，是慧因住持於丁巳年（1977 年）所建，明確了多年來大汕在禪院以及在澳門的地位，還有獨樹一幟的南禪曹洞宗在澳門的傳承。大汕與澳門禪宗文化傳播及其藝術成就，自當為後人所追尋深究，然而他的生平、獨特個性、出位的言行舉止、過人的才華與學識，則同樣為人所樂道。大汕能書善畫，作品無數，上至天文，下至地理都通曉，還好談兵器、術數，專於詩詞，以及諸子百家之技，甚至善於製造古玩家具，無不貫通。

他在佛學方面的修為也極高，享負盛名。較引人關注的著作有《離六堂集》12 卷，《濃夢尋歡》詩集，以及上述提及他在康熙三十四年（1695 年）應越南國王邀請，聘往弘法，於翌年歸來後便將在外國的所見所聞著書《海外紀事》6 卷。當中記錄了他在越南順化、會安傳法說禪的體會。卷一的開示榜諸山門云：

老僧於中華國內開法三十年，找一柱杖，橫敲直打，頭頭剿絕，處處追窮，專與稱知識作大師欺世盜名者為究竟，素不肯互相顢預，以老實修行四字，取齋公婆媽之稱頌。

近見一等詭秘欺人之師，禪教戒律，茫然不識，昏天黑地，偃然自大，下視愚蒙，詐為放言，欺瞞後學。

聖人若曉，聖人即是凡夫；凡夫若知，凡夫即是聖人。要知佛與眾生，互為接引，始可彼此度脫。

　　語句中體現了大汕的率性和自信，直言對於那些虛偽之士極度不屑，絕不留情面的斥責。同時，也可見他是一位入世和大眾化的僧人，有着獨特的個人魅力，這也是他在越南弘法時大受歡迎的原因之一。

　　而有關大汕早年的故事，一直是個謎，包括他的出生地，如前所述，較多人認為他是江西九江人，年方 16 便在蘇州出家為僧，其中原因有說他不願意降清，是明朝的遺民，故而選擇逃禪。後移錫廣州住長壽寺，並大力推動該寺的擴建。他為人風趣幽默，作風自我，有別於一般出家人的裝束和行徑，成為名噪一時的和尚。

　　大汕實在是個浪漫而又才華橫溢的人。他留存作品無數，有白描羅漢中堂，以及工繪花鳥人物，而著名的《墨竹圖》便廣為傳頌，現時收藏在廣州美術館內。對於自己，大汕極清楚，也很有想法，因而他自畫作品甚多，有自繪披髮頭陀狀肖像、讀書圖、註書圖、論道圖、說法圖等。可反映他對生活的認真，以及奔放自由的思想。

　　作為出家人，大汕卻經常流連在花街酒館講佛弘

大汕和尚的《墨竹圖》（藏於廣州美術館）

法，其詩畫中帶有兒女情長的味道。這些似乎都有違其身份。也有人批評他戴金鐲、衣着古怪，尤其他常以素女秘戲圖狀繪畫，被指以媚諸貴人。但他一於少理，依然故我的繼續深入社會。這樣的行為，當然不為俗世人所接受。因此社會對於他的評價亦褒貶並存，褒之者認為他是反清復明志士，貶之者指他是個混跡法門、追逐名利的投機者，甚至因為他的披頭長髮，視其為妖僧。誠然，以他的魅力，自然有人為他辯解，指他沒剃度落髮，是佛教的披髮頭陀相，也有說他不肯剃髮，寓意不願降清。

事實上，他當了和尚卻依然寫兒女情長的竹枝詞，而且不避綺語，例如他的書法《濃夢尋歡竹枝詞卷》：

依夢尋歡路萬里，歡在江南亦夢儂。歡夢來時依夢去，歡儂依舊不相逢。

忍看花日雙燕飛，行人春日換春衣。最憐昨夜花田月，如見夫君春日歸。

可以想像，他是一位充滿傳奇且具爭議的出家人。然而由於大汕交遊廣闊，經常出入官紳及知名士人中間，與屈大均、陳恭尹、梁佩蘭、吳梅村、陳其年、高士奇、王士禎等名流都有交往，加之為人風趣博雅，故而得到不少社會人士的支持。但是，也因為他個性率直，為人自我，不時與朋友反目。例如，他與好朋友屈大均曾斷交，與同鄉潘來反目，後來更被出賣。但是，在他的生命裡，有一位深交的朋友，名為曾燦。他們十分投契，談論當世之事務、人生哲理、文章學術，總是娓娓不倦。二人當年還一起同行越南，可謂難得的一知己。

康熙三十四年（1695 年），越南的順化阮氏政權為了與北部鄭氏政權爭鬥，便試圖利用佛教的力量以及中國人的聲勢，阮福周政權遣使來廣州，請大汕前往順化主持佛事。昔日離開國土遠赴越南，也是一項極大的挑戰，而且大汕已經 62 歲了。按照他自己的記錄和描述，當時乘船出發，不時風雨連天，偶然才可見晴霽，而且路途曲折。他必須先到虎門，見到粵海關差收稅票者坐小船來，繳交了海關稅後，到達了澳門，然後再揚帆啟航。由於他經澳門出發，也因此改變了觀音堂的發展。據說他此行所得款項之巨、金銀財寶之豐，令他回程時一度擔心遇上盜賊。然而幾經艱辛，終慶幸安全而回，因此能支持擴建普濟禪院等，也算是澳門之福矣。

然而，大汕或許沒有想到，自己此行所寫的《海外紀事》令他惹上了禍端。他的同鄉潘來指責該書謬論甚多，有傷國體，而且有礙法門。潘來要求大汕將此書銷毀，但大汕一如以往的自我作風，不作理會。於是潘來便四處製造輿論，斥責大汕，導致大汕被粵東按察使許嗣興以“訟上”、“通洋”等罪名擒治。康熙四十一年（1702 年），清廷將大汕投獄，押解至贛州，又為江西巡撫李基和逮解回籍，後不幸死於常山途次。

這位才華橫溢的智者，為澳門乃至廣東佛教事業作出了重大貢獻。或許就是因他個人有着超前的思想和風格，在澳門這個地方才讓他有空間發揮。有學術界人士指出，大汕的禪法思想和人格特徵，將佛法俗世化、三教合一觀念、禪淨一致理論與實踐、不忍忘世的情懷、富有商人氣息的風格等等，都明顯地受到了嶺南佛教的影響，並在一定程度上決定了澳門佛教

"大汕宗風"牌坊

的特點與走向。澳門就是這樣，以其不拘一格和包容締造了無數的傳奇，豐富了佛教文化的色彩。

名僧足跡

　　福地能聚人。數百年來，除了大汕和尚外，在觀音堂出現的高僧實在不少，較著名的還有循智和尚、暢瀾和尚、天然和尚、跡刪和尚、秉機和尚、默潭和尚、慧因和尚、機修和尚等。也許受着大汕和尚開放和喜愛文學的思想影響，這裡也留下過不少文化僧人的足跡。例如，跡刪和尚（1577－1662 年），釋光鷟，後改成鷟，也是明末志士，清初高僧，當時因不願順應清朝的科舉，誓死不赴應試，遁往鼎湖削髮為僧。他平生工詩能文，尤擅草書。1637 年到澳門後寓居觀音堂，有指他在此進行反清活動。而觀音堂成為了他避世和抒發情懷的園地，他在此賦詩，例如《寄東林諸子》：

　　但得安居便死心，寫將人物寄東林。蕃童久住諳華語，嬰母初來學鴳音。

兩岸山光涵海鏡，六時鐘韻雜風琴。祇愁關禁年年密，未得閒身縱今吟。

他創作的此詩在澳門廣為吟誦和引用，反映着當時中西並存的社會狀況和背景。事實上，跡刪和尚是一位有識之士，著作無數，遺著有《僧鐸》、《咸陟堂文集》17卷、《咸陟堂詩集》25卷、《御製周顛仙人傳》、《楞嚴經直說》10卷、《註莊子內篇》、《漁樵問答》、《第三代繼席弘化石門和尚年譜》、《紀夢編年》、《道德經直說》2卷、《重申祖訓約》、《金剛經直說》、《鹿湖近草》4卷、《鼎湖山志》8卷、《鼎湖山慶雲寺清規》等等，內容涉及哲學、詩詞歌賦、國學等，在各地流傳。1698年他離開澳門普濟禪院，在康熙四十七年（1708年）出掌鼎湖山慶雲寺住持，6年之後自願退院，晚年又曾住持番禺大通寺。成鷲梵行精嚴，工詩善畫，被譽為"詩僧中之第一"。

禪院在歷史上成為文化僧侶的交流地。例如被稱為嶺南三大家之一，有"廣東徐霞客"之稱的屈大均（1630－1696年，字介子，號翁山、萊圃），曾經

是大汕和尚的好友。大約在 1662 年，屈大均出家為
僧，法名釋今種，遊歷澳門普濟禪院。《澳門紀略》
中記載了他的《澳門詩》：

南北雙環內，諸蕃盡住樓。

蕃薇蠻婦手，茉莉漢人頭。

香火歸天主，錢刀在女流。

築城形勢固，全粵有餘慢。

後來屈大均還俗。1669 年為廣州城內西橫街獅
子林 "賣畫觀音" 的大汕和尚的護法。大約在 1692
至 1694 年間，兩人齟齬乃至絕交。當中原因，仍待
探索。

除此之外，由於禪院一直與廣州長壽寺和海幢寺
等關係密切，因此，寺院之間的僧人來往甚密。上
述已提過一些祖師之名，而其中有一位名為默潭。
他並非禪院的住持，曾在廣州海幢寺當過很短期的方
丈，也常住於觀音堂。普濟禪院的確曾經非常熱鬧，
也引起社會關注，甚至吸引了外國人的眼球。早在
1866 年，一位法國人，盧德維哥·德·波瓦伯爵（Le

Comte de Ludovico de Beauvoir），與路易‧菲利浦
（Louis-Phillippe）國王之孫、鍾韋勒王子（Prince de
Joinville）的兒子龐蒂埃弗公爵（Duque de Penthieve）
開展環球之旅，其中包括港澳兩地，於 1867 年 2 月
11 日至 14 日來澳。他們利用那幾天匆匆在南灣、賈
梅士洞、望廈村、議事亭、炮台、教堂等地遊覽。回
國後，於 1875 年出版的遊記中，便出現了《望廈的
僧侶》的插圖和介紹。書中記載 "望廈大廟庭院中的
僧侶"，相信所指的是觀音堂的僧人了。

歷任住持

如上所述，觀音堂數百年來是一座子孫廟，即師
徒相傳地擔任寺院的住持。僧人大都在這裡受戒，當
然可選擇在外學習佛法，然後回來寺院接任。根據以
上所提的《觀音堂法源圖譜》，以及曹洞宗的 20 字
的法派："慧元道大興、法界一鼎新、通天並徹地、
耀古及騰今。" 即歷代傳法者，均按此字順定法名。

詳見禪院提供的 "本院洞宗直系簡譜"，可見傳法至第 12 代後，寺院便改變了一直以來的師徒相傳格局，以選賢制度代之。在此數百年間，寺院發生了許多的變化，有人出家當和尚，在佛門地修法；當然也有人抵受不住清規，選擇還俗；更有人被逐出師門。在以下的直系簡譜圖中可見，黃色標示者為歷任住持的法名，藍色標示表示已經還俗，而紅色字者則是被逐出門之人。筆者也標引了各世代，以及歷任住持的排序。例如南燈界耀（ "界" 為字派）乃循智和尚的弟子，普濟禪院的第二代，也是第二任住持。

　　從表中可見，較為近代的住持有慧因和尚（1906－1979 年），他從二十世紀三十年代開始，便擔任住持。除了精通佛學外，對於書畫藝術也有研究，因而被認為對於弘揚佛法、擴建寺廟，以及支持推廣文化藝術方面，均作出貢獻。而最廣為傳頌的是，抗戰期間他對嶺南派大師的鼎力襄助，以及為抗日救國的付出，功不可沒。慧因圓寂後，由他的徒弟釋機修和尚（1927－2010 年），禪院的第十一代傳法人，出任第十三任住持。機修和尚法名耀證，澳門出生，原名郭

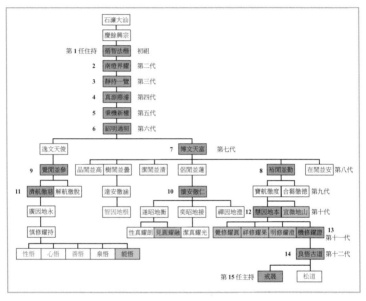

普濟禪院直系及歷任住持簡譜

騰機，自幼禮普濟禪院住持慧因法師出家為僧，跟隨慧因和尚學法，曾任普濟禪院、蓮峰廟及媽閣廟三大古剎住持。在任期間，機修和尚積極參與澳門社會事務，可見佛教與社會有緊密聯繫。他曾為澳門基本法諮詢委員會委員，澳門特別行政區第一屆政府推選委員會委員，第二、第三任澳門特別行政區行政長官選舉委員會委員，澳門特別行政區第十、第十一屆全國人民代表大會代表選舉會議成員，《澳門日報》讀者公益基金會名譽顧問，2006 年獲特區政府頒授仁愛功績勳章。

機修和尚的弟子為釋良悟和尚，法名古道，即是普濟禪院的第十二代傳法人，2010 年任禪院第十四任住持。他出生於澳門，禮從禪院住持機修法師，跟隨學法，在香港寶蓮寺受戒。後來因肇慶鼎湖山潔真師來澳而得以結緣，便赴慶雲寺學法。2018 年 2 月，良悟法師因個人理由請辭，並向澳門普濟禪院（觀音堂）僧侶慈善會推薦釋戒晟法師擔任普濟禪院（觀音堂）的住持。因此，釋戒晟便成為禪院第十三代傳法人，第十五任住持，代表着禪院由子孫廟向叢林廟轉

普濟禪院第十五任住持戒晟法師

型。釋戒晟（1967 年 5 月－），字如意，俗名陳春，原籍福建福安市潭頭鎮，現為澳門永久居民。戒晟法師自幼篤信佛學，17 歲在福建廈門的南普陀寺出家，22 歲畢業於閩南佛學院，為學院第一屆畢業學員，後受聘留院任教 3 年，前後擔任佛教養正院和閩南佛學院班主任。1991 年赴港、2003 年來澳，多年來致力於推動人間佛教及參與社會活動。1998 年創立香港佛學會，任會長；2003 年創立澳門佛教中心協會，任會長，2015 年創立澳門佛教基金會並出任主席。長期活躍於港澳閩台及東南亞等地，2012 年始任福建省福安市僑聯第七屆委員會名譽主席、2013 年至今擔任福建省廈門華嚴寺住持；近年被澳門佛教界四眾弟子推選為澳門佛教總會會長，同時任第五屆中華海聯會澳區理事、第五屆澳門行政長官選舉委員會委員——宗教界佛教代表、中國宗教界和平委員會會員等社會職務。出家為僧後，戒晟法師在各地推動慈善工作，並任多所學校的校董，同時主張“崇文重教，興學育才”理念，先後在全國各地協助貧困地區建義校共 180 多所、資助貧困學生 5,000 多人、希望醫療所 20 多間，至今慈善教育投入總額將近 6,000 萬元人民幣。

　　現同時擔任澳門功德林、藥王禪院，以及觀音堂的住持。每年在澳定期舉辦水陸大法會、慶回歸周年法會、八關齋戒法會等大型法會等。同時，也致力於寺院公益活動，如傳統養生、書法課程、義診、修繕廟宇、施米等等。在擔任觀音堂住持後，戒晟法師積極整理和修復寺院，並冀望以正統佛教模式推動寺院的發展，以此為弘揚佛法的園地，廣結各地善信，傳揚佛教。

　　事實上，除了以上直系住持的圖譜，觀音堂歷來入廟授法者又何止這些。根據寺院另一份圖譜，可見旁系甚眾，枝葉茂盛，當中不乏有識之士及名僧。例如上述提及的遐齡和尚、濟航和尚、超倫和尚等等。

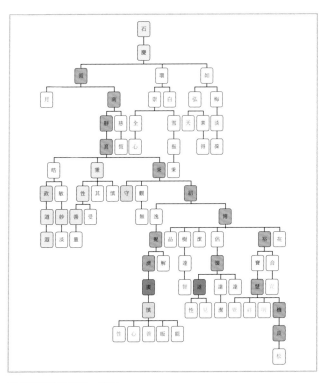

普濟禪院洞宗歷傳一覽表

默潭和尚像

慧因和尚像（關山月繪）

文化積澱與嶺南建築

文人雅士存墨寶

也許普濟禪院秉承了祖師爺（大汕）的遺風，歷來文人多喜群聚寺內吟詩作畫。而且大汕和尚喜歡招納雅士，此風在長時段內得到延續，令禪院成為文化名人聚集之地。在院內，只要細心欣賞，到處都是藝術瑰寶，文人騷客留下珍貴字畫及雕刻，清雅脫俗，刻工精細。無論在牆壁、殿堂，或者花園，皆可見名家的字畫。無論院內僧舍、客堂屏壁、雕花金飾、書法雕刻，都讓人留連，也教人追憶曾經文人匯聚的輝煌。

據知寺院以往藏有不少經卷，歷代眾高僧和不同藝術名家的書畫、書法約 200 幅，內有楹聯約 55 副，為澳門三大古剎中規模最大、楹聯最多的一座寺廟。各款對聯讓人感悟禪機，例如 "碧影荷風生內院、波中明月證前身"，"自喜軒窗無俗韻、無知草木有真香"，"塵棧一點不到地、蒼木四時皆長春" 等等，市民大可慢慢參透。還有文物、古董，皆彌足珍貴，誠為澳門重要的文化資源。如高劍父、關山月、陳恭尹（嶺南三大詩家）的作品，董其昌、劉墉、章太炎等歷代名人手跡，都可印證寺院曾是文人雅士樂於聚會唱酬之地。斯人雖遠去，留墨仍飄香。

其中鎮院之寶是《丹霞日記》手稿，乃出自澹歸（淡歸）和尚（1614－1680 年，俗名金堡），字道隱，號衛公，浙江仁和（今杭州）人，是名僧天然和尚的第四法嗣，番禺雷峰山海雲寺禪系。他當過官，曾任明臨清知州，清兵入關後，隨南明隆武帝，任禮科給事中，後又跟隨永曆帝。因其分文不私，深受四方僧眾敬重。澹歸早歲從明代理學家黃梨洲（黃宗羲）學習，是位詩人，也是書法家，曾為平南王耿精忠撰年譜（耿為明臣降清，後又與吳三桂等反清獨立）。澹歸又撰《梅嶺記》，發揚文天祥不屈精神。他的草書《丹霞日記》記述了其在丹霞寺中的日常事務、生活瑣記等，對於研究南明史具有重要參考價值，也反映當時佛教的發展，十分珍貴。遺憾筆者未有機會在寺院親睹此寶物，據知《丹霞日記》1 冊 28 葉，蓋康熙癸丑返龍護園過嶺後所記。

除此之外，普濟禪院保存了跡刪和尚的草書、天然和尚墨寶、羅岸先畫的《米南官拜石圖》、黎簡行

書對聯和隸書中堂、謝蘭生題匾等等，彙聚了從屈大
均到高劍父等幾個世紀的文化名人在此的文化積澱。
例如于右任（1879－1964年）贈予觀音堂第十三任
住持慧因和尚草書墨寶。于右任為陝西三原人，祖籍
涇陽，原名伯循，字誘人，爾後以"誘人"諧音"右
任"為名，別署"騷心"、"髯翁"，晚年自號"太平
老人"。他精於書法，尤其擅長草書，早年曾是中國
同盟會成員。還有竺摩法師（1913－2002年）的手
筆。竺摩是位值得研究的文化僧人，他畢業於閩南、
武昌等佛學院，抗戰時避難遷澳，弘揚佛學，曾拜高
劍父為師習畫，成為忘年之交。他擅長詩詞、散文，
書法尤自成一格，墨寶多為海內外各道場所珍藏。仁
摩曾經在功德林創辦澳門佛學研究社。1953年轉往
馬來西亞檳城。

　　劉墉（1719－1804年）為清代四大書法家之
一，與翁方綱、梁同書、王文治齊名，其書法以濃墨
著稱，造詣深厚，有"濃墨宰相"之稱。禪院中也
保存了他的手跡，現在中客堂中懸掛的墨寶——"韓
持國在洛中作詩云：閉門讀易程夫子，宴坐焚香范使
君。顧我未能忘世樂，綠樽紅芰對斜曛"，非常珍貴。

寺院中充滿禪意的對聯

陳恭尹詩幅

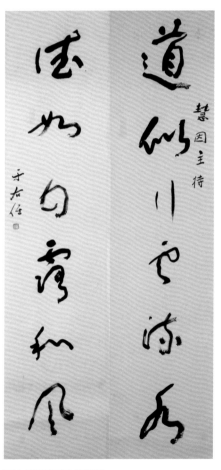

于右任贈慧因住持墨寶

蘭亭序以師古二面
刻為第一乃褚遂
良所臨迴書蓋以
在玅二字

劉墉墨寶

雖為白衣奉持沙門清淨律行雖處居家不著三界示有
妻子常修梵行現有眷屬常樂遠離雖服寶飾而以相好嚴身
雖復飲食而以禪悅為味若至博弈戲處輒以度人受諸異
道不毀正信雖明世典常樂佛法一切見敬為供養中最執
持正法攝諸長幼一切治生諧偶雖獲俗利不以喜悅游諸四
衢饒益眾生入治政法救護一切入講論處導以大乘
執諸學堂誘開童蒙入諸淫舍示欲之過

維摩經語　竺摩

竺摩法師的條屏

從春睡畫院到妙香堂

　　觀音堂內諸多廳堂，各有風韻。其中一客廳名為妙香堂，內裡滿是字畫，看得讓人心情愉悅，自然舒暢起來。舉目而望一幅對聯 "到此何妨閒半天，投機正好話三生" 充滿閒逸之意，細看之下，乃出自永道童真法師所書。童真法師留下不少作品，與高劍父交往甚密。而這大廳也蘊含着一段獨特的歷史。抗戰期間，廣東很多文人因為避戰來澳門，當中不少人士得到普濟禪院的住持慧因和尚的收留。這些文人在寺院中安頓後，不時揮毫落紙。其中最為人所道的，是嶺南畫派創始人之一高劍父，戰亂時他帶同弟子來到澳門的觀音堂暫住。他一方面積極參與支援抗戰工作，同時也繼續教授書畫之事業，發展嶺南畫派。而他的起居室和授徒之地，正是妙香堂。

　　二十世紀二十年代，高劍父吸取日本的西洋繪畫技法，開創極為獨特的嶺南畫派，在廣州創辦 "春睡畫院"，那是最早培養新派國畫人才、推廣藝術革命的中心，可說是新國畫運動的發源地。春睡畫院的舊址位於廣州盤福路，現在已經易名為高劍父紀念館。1933 年，畫院全盛時期有學生多達 120 人。畫院培養了關山月、黎雄才、方人定、楊善深、司徒奇等大批藝術大師，堪稱嶺南畫派的搖籃。高劍父一直在廣州授徒，直到 1938 年 10 月，日本侵華戰爭禍及廣州，穗城淪陷，滿目瘡痍，一片廢墟，畫院也被日機炸毀，學生只好離散。因此，他決定率領部分弟子移居澳門，來到了觀音堂的佛門地。慧因和尚慈悲為懷，伸出援手，安排他居住在寺中的妙香堂。於是，高劍父得以在此傳授畫技，延續廣州春睡畫院的職能，助嶺南畫派在本澳發揚光大。故而，有人稱妙香堂為春睡畫院。

其間，高劍父在澳門結交各方朋友，為數不少，有佛門中人及知識分子。其中與竺摩法師交情甚深，法師並隨之學畫，他也從中學佛，互相交流思想，成為忘年好友。由此，禪院與嶺南畫派也結下了一段緣。現時寺中有不少高劍父字畫、題字石碑和牌匾等。還有他學生弟子的畫作，如關山月的作品也十分豐富。

妙香堂為高劍父當年起居和授畫之地

高劍父書法作品——《心清生妙香》（1938 年）

當年高劍父的起居室

齋堂匾額（高劍父題）

"若問有無灒，以空生滅心"
——高劍父送給廣因法師的草書

"龍天常住"匾額（高劍父題）

關山月畫作——《蝦》（1938 年）

建築特色

觀音堂是澳門典型的嶺南風格建築，已經列入《澳門文物名錄》，是受法律保護的歷史文物。同時，1992 年由澳門 8 個社團聯合發起評選，從 43 個澳門旅遊景點中選出的 8 個項目，觀音堂成為 "澳門八景" 之一，被命名為 "普濟尋幽"。如上所述，從高處鳥瞰，禪院連橫整體的一座大型建築，其建築群以廳堂和天井作為基本單元。禪院有多個大殿，主體為左中右 3 個連貫的殿宇，從南向北而入，中軸依次是大雄寶殿、長壽殿、觀音殿，西側方向依次為天后殿、地藏堂、祖師堂，東側依次則為關帝堂、大客堂、檀越堂。兩側與主殿之間建有長長的走廊，為防火的水巷，似是天一生水、地六承之格局。

其特色為泥牆建築的磚木結構、陶瓷瓦脊，富有嶺南風格，其佈局是典型的廣東形制。各殿宇均為硬山式樣的屋頂，山牆封蓋承受屋面的檁條，有防雨、防潮、防火、防風的效果，是利用地域優勢，而又美觀實用的屋頂形式。門窗也盡顯澳門特色，以蠔殼作材料，既可以擋風，也可以透光，雅致美觀。

　　建築群遺存的陶塑瓦脊充滿歷史感和藝術特色，是清代末期嶺南地區風土人情的綜合反映。

鳥瞰寺院部分建築

観音堂主要殿宇平面示意圖

瓦脊上的舞台

　　遊人步入觀音堂，或許沒有留意建築群的山門，實在是另一番景致，分別在大雄寶殿、天后殿、關帝堂、長壽殿、觀音殿，水巷廊牆等處各有一條 10 米或 11 米的陶塑瓦脊。瓦脊上有戲劇場境以及吉祥物裝飾等，生活氣息濃厚，造工細緻，裝飾題材非常豐富，反映市民對宗教信仰的重視。

　　而值得留意的是，這些裝置都刻有打造的陶瓷工匠名款以及年號。只要細心觀察，定必流漣忘返。例如瓦脊上分別有着 "嘉慶丁丑歲"（1817 年）、"光緒二年"（1876 年）等年款，以及 "新怡璋造"、"石灣奇玉造"、"奇華造" 等名款，指明這批瓦脊的燒造時間、工匠和窯口地點，是出自清代中晚期的佛山石灣。然而，更精彩的是，瓦脊上各式戲文故事裝飾、大小人物錯落有致，呈現出恢宏的整體氣勢，誠為一座露天的舞台。

　　再深入欣賞瓦脊裝飾題材，多源自傳統粵劇的戲文，從關帝堂東頭開始，大雄寶殿、天后殿三處瓦脊

嘉慶丁丑歲（1817 年）造的瓦脊裝飾

裝飾的折子戲為代表，引出了頗具寓意的民間歷史故事，有"劉秀醉斬股肱臣"、"光武帝太廟請罪"、"誤會得解君臣樂"等情節，恍如一幕幕生動的好戲，令人投入其中。上述提到燒造於嘉慶丁丑歲（1817 年）的瓦脊，便塑造了五十多位形態各異的人物，共同組成傳統粵劇的經典劇目——《漢宮驚魂》，儼如栩栩如生的舞台，豐富多彩、氣勢恢宏，引人入勝。自清咸豐以降，粵劇逐漸發展和興起，傳統粵劇之劇目戲文故事為主的題材，成為石灣瓦脊藝人塑造表現的重點，這也體現了澳門民間文化的色彩。

　　還有一幅細小而吸引人的"郭妃設計椒房殿"圖飾，幾位妃子豐滿圓潤，似跨越了時空停留在此。何謂椒房殿？椒房是漢代皇后所居的宮殿，西漢未央宮中皇后所居殿名亦稱"椒室"，因牆壁使用花椒樹的花朵所製成的粉末進行塗刷，散出陣陣香味，顯示皇

瓦脊上的"郭妃設計椒房殿"故事

"劉秀醉斬股肱臣"、"光武帝太廟請罪"、"誤會得解君臣樂"
等戲文故事

西水巷戲文故事裝飾瓦脊上的大小人物錯落有致氣勢恢宏

鴟吻小品裝飾呈鼇魚狀

室貴氣，由此而得名。

　　事實上，吉祥紋樣是常見的裝飾。整體上來看，禪院瓦脊裝飾色彩主要以藍、青、赭石等石灣傳統陶塑釉色為主，其吉祥紋飾主要通過搭配八仙賀壽、香山九老等各種人物，包括八寶如意、福壽平安、博古花件、飛禽走獸，以及不同形制款式、雕刻精美的亭台樓閣等。

　　在瓦脊正中央的鴟吻小品裝飾呈鼇魚狀，是印度神話中摩羯魚中國化的體現，代表民眾祈求消災解難的願望，極富民間色彩。這些陶瓷造工精美、充滿藝術氣息，質量也非常好，甚至經得起颱風和暴雨。你若經過觀音堂，不妨駐足尋找，一定會不枉此行。

　　由於未受到兵禍和人為破壞，其建築具有重要的實物和標本價值。瓦脊裝飾在當時亦屬名貴，體現了澳門華人對修繕觀音堂的重視，亦反映大眾追求幸福的心理，是澳門嶺南民俗文化的重要體現。

見證國運的起伏

遺民逃禪

有人說，澳門的廟宇在歷史上，不但與小城共度
興衰，也見證了天朝國運的起伏。普濟禪院已有 400
多年的歷史，在這漫長的歲月裡，就曾留下了明清交
替亂世中明室義士的腳印。由觀音堂到普濟禪院建立
期間，神州大地發生了翻天覆地的變化。當時正值明
清鼎革之時，可以想像，明室中人，不服滿人管治，
並期望有朝一日可以恢復明朝。因此，當滿清入關，
不少人選擇遁入空門，寧願出家做和尚，也不遵從清
朝的規矩，遺民逃禪也成為當時的一種風潮。也因
此，嶺南佛門出現了空前的繁榮。據不完全統計，僅
皈依在曹洞宗第三十四代傳人天然函昰座下的明代遺
民，包括出家者和居士，就有 100 多人。

而遺民逃禪的風潮對嶺南佛門乃至澳門佛教均有
巨大的影響，甚至可以說，正是明末清初的遺民僧，
掀起了澳門佛教的第一次發展高潮。當時觀音堂也一
度成為嶺南地區出家人聚居之地，不少僧人便是反清
義士。如前所述的大汕和尚、天然和尚等。以至澳門

的觀音堂成為不少遺民隱身之地。遺民僧中對澳門佛
教影響最大的，首推石濂大汕，還有跡刪和尚、陳獨
漉、屈翁山輩等，故而普濟禪院當時也被視為反清復
明的基地。

《望廈條約》帶來的傷痕

現時在美國國會圖書館中，藏有一幅水彩畫，畫
中是一座寺廟，正是觀音堂。該畫由喬治·維思克
（George R. West）所繪。他是當年跟隨美國代表團來
澳門簽署《望廈條約》，顧盛（Caleb Cushing）的隨
從。水彩畫中的文字說明中美第一個條約於 1844 年
7 月 3 日在此廟宇中簽署。由於當時澳門沒有中方的
衙門，廟宇往往承擔了官廟的職能。

雖然水彩畫中沒有說明簽署條約的具體位置，但
一直以來人們都相信，清道光二十四年（1844 年）的
中美《望廈條約》是在普濟禪院東偏之妙香堂外的小
花園石桌上簽署的。石桌石凳保存至今，側面的碑亭

提醒着人們這段沉痛的歷史。圓形的石桌有一界線，將桌子分成大小兩邊，也顯示了當時中國和美國之間處於不平等位置，更是國人心目中的一道傷痕。

何以中美條約當初選擇澳門簽署？其實在鴉片戰爭之前，美商早已經在販運鴉片，到粵地進行私售。當鴉片戰爭爆發，美國以護僑為藉口，派遣海軍來華，實際是與英國聯手，以期戰勝後可以分得肥肉。其後戰事結束，中英不平等的《南京條約》訂立，令美國垂涎欲滴，野心勃發。他們即委派使節來華，欲親見清朝皇帝，要求訂約，以謀在中國取得與英國同等利益。因此於 1843 年 8 月 5 日派出美艦 4 艘，載着首個美國對華外交團，由美國萊福州之咸頓道出發來華。

顧盛作為該團團長，是美國駐華外交特派員及公使全權代表，曾任美國馬薩諸塞州議員，能說許多國語言，對中國歷史、官話等早經研習。其家族在華乃販毒世家，其父兄曾在中國經商致富。他自視甚高，來華時誇口要親見中國皇帝，使美國取得與英國同等利益。當時還趾高氣揚地奉着美國務卿韋伯斯特

（Daniel Webster）之訓令：“倘中國所施於別國人民商業上之權益，而不及施於美國時，美政府將不能與中國維持友好。”同時他還帶着美國總統泰萊（John Tyler）致道光皇帝親筆函件及禮物等而來。

彼時美國使節團之艦隊共計 4 艘，包括聖路義士號、拔蘭地號、梨酒號及旗艦米蘇里號。在橫渡大西洋時，旗艦失火焚燬，故只餘 3 艦，於 1844 年 2 月 27 日抵達澳門。由於滿清政府積弱，無力抵抗，也不願直接面對恥辱。於是委派其皇族親信耆英，由南京趕赴澳門以阻止美使北上，顧盛也只能留澳等候。耆英既然阻止顧盛入京，便決定在澳門處理。於是偕同黃恩彤、潘仕成及趙怡山等多人，於同年 6 月間來到澳門望廈村。考慮到當時望廈仍屬中國管轄，而普濟禪院廟堂為莊嚴聖地，地方軒敞，而且澳門寺院素有官廟之職能，於是在禪院內接見美使顧盛，並於 6 月 18 日起開始談判。美方起草條文，經過兩星期的磋商，滿清官員終於被懾服。7 月 3 日雙方就在望廈普濟禪院之小花園中石圓桌上簽約。由最初來華的基督教傳教士馬禮遜之子儒翰‧馬禮遜當通譯，美國艦隊提督柏架氏亦作威脅式的列席。由此,《望廈簽約》在澳門觀音堂內簽署。

該條約共有 4 本,分用中英文謄錄,共 34 款,附有《海關稅則》規定"所有貿易及海面各款恐不無稍有變通之處,應候十二年後,兩國派員公平酌辦。"這一條成為第二次鴉片戰爭中"修約之爭"的由來。當中的條文,也規定美國人可以在 5 個條約港口購買地產來建教堂、醫院和墓地;另包括著名的第 18 條"文化條款",即准合眾國官民延請中國各方士民人等教習各方語音,並幫辦文墨事件……准其採買中國各項書籍等等。

現時在此石桌石凳之後方,有一碑亭,是在條約簽署後 100 週年時所立。其碑文這樣寫道:

澳門地臨海洋,與外國交通至早。其北望廈,依山成村,頗具形勝。山麓普濟禪院,創於明天啟間,結構宏麗,為斯土諸剎之冠。因山勢高下為殿堂,拾級而升,進而益峻。後殿供觀音菩薩像,故土人稱曰"觀音堂"云。院之東園廣數畝,中置石案,相傳道光二十四年（西曆一八四四年），中美訂五口貿易章程三十四款，即於此石案簽訂，謂之《望廈條約》（見中美通商善後章程附黏例冊）……蓋自鴉片戰爭，國勢日蹙，白人航海紛來，以互市傳教為緣，行侵權略地之計，以強凌弱，以眾暴寡，所訂約類不平等，如關稅協定，領事裁判權，內河航行，沿海貿易，租界及租借地等，莫不背理傷道，伸己而屈人……迨大戰爆發，全球形勢轉變加劇，至三十二年，各國遂有自動撤消舊約之舉，望廈諸子，撫今思昔，有動乎中，悠悠百年，剝極而復，雖曰人事，天命存焉，今歲之冬，院僧葺墻垣，略有更作，僉謂石案已成陳跡，足資掌故，主仍其舊，屬文以誌之，余避兵轉徙，流寓於是六年，徜徉寺園之間，時與二三子俯仰欷歔，觸物興懷，所痛有甚於此者，嗟乎世變日亟，倏忽異像，又不能一一列敘之哉。民國三十二年十月南海陳樾記。

中美《望廈條約》（又稱《中美五口貿易章程》，美國人稱之為《顧盛條約》），是美國與中國簽訂的

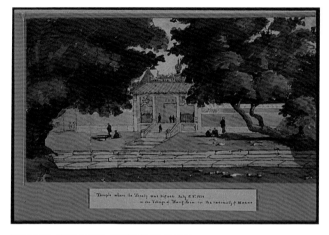

關於中美《望廈條約》簽署之地的水彩畫

據說中美兩國在此石桌石凳簽《望廈條約》

第一個不平等條約。目前石桌石凳仍然保留完好,誠為國家命運起伏的見證。

抗戰救援

澳門從來就與中國共命運,當面對外敵入侵,當然奮起對抗。嶺南畫家在寺院振臂響起了抗戰救援的呼聲。1931 年的 "九一八事變",日本侵華戰事開始,到 1937 年的 "七七事變",乃至 1945 年抗戰勝利,當時澳門在葡萄牙的管治下成為 "中立區",而作為華南地區唯一沒有發生戰事之緩衝地。然而澳門當然沒有置身事外,一方面作為避難之所,同時各界同胞在大後方也積極參與救援。當日本發動瘋狂轟炸,戰事禍及內地同胞,大批難民扶老攜幼,紛紛逃至澳門,原本人口在 1937 年的 15.7 萬,經過數年的難民潮,到 1944 年最高峰時達至 50 萬之多。面對大量難民陸續湧入澳門,收容安置成為社會難題,全靠官民合作,各方努力才得以解決。觀音堂作為一座寺廟，沒有避世，在時任住持慧因和尚的帶領下，積極響應，收容了不少文化界名人，令觀音堂成為澳門其中一個避戰的棲息地。

嶺南畫派宗師，也是曾是澳門同盟會老會員的高劍父，於 1938 年在廣州淪陷後偕同徒弟們來澳門，避居於普濟禪院，輾轉與從廣東來澳的國畫家關山月共聚於此。他們在澳門研習中國現代繪畫的新方向。當時澳門雖然避過了戰爭，然而交通幾乎斷絕，小城物資短缺，大眾生活艱苦。觀音堂的法師和各界人士一起，也承擔起救援的責任。他們共同創作了不少抗戰的宣傳作品，尤其是高劍父等文化界的書畫作者，創作書畫作品以作義賣，所得款項以支持前線。他們將國家命運與個人藝術生命緊密聯繫在一起。可見，普濟禪院與國運的起伏息息相關。

逸事雜談

　　相信大多數澳門人都認識觀音堂，多年來這座寺院也已融入民眾的生活。對市民而言，這裡既是宗教信仰和精神寄託的園地，在此祈福求安心，也可求籤問卜。漫步其中，有緣人自見禪機處處，參透佛法，領悟哲理，從而細味人生。這裡更是清靜閒修、旅遊名勝。不論寺院的各個大殿，或是後山花園，保留着的歷史遺跡，大大豐富了澳門的文化旅遊資源。還有，流傳在民間的故事，如連理樹的淒美、少林功夫的威武，以及寺院延續的傳統節日和習俗。這座歷史悠久的禪院，承載着幾許澳門人的情懷，還有種種逸事趣聞，值得我們探索。

傳統節日與習俗

禪院每年不少與觀音菩薩相關的節日，吸引着大批善信參與。最為人所熟悉的有農曆正月廿六日的觀音開庫、二月十九日的觀世音菩薩的誕生、六月十九日的觀世音菩薩成道日，還有農曆九月十九日的觀世音菩薩出家日等等。這些活動，為本地居民和遊客增添了豐富多彩的生活元素。

可能你會很好奇，何謂觀音開庫？為何會吸引大批善信在正月廿六日凌晨零時大排長龍？其實所謂觀音開庫或向觀音借庫，是華人的民間信仰。當中也流傳着這樣的古老傳說：觀音大士在修道時，需要面對各式各樣的考驗。有一次，忽然幾百位護法的羅漢來到凡間，並化身成為和尚，到觀音修行的廟宇化緣。而當天正是農曆正月廿六日，慈悲的觀音大開倉庫，將素菜提供予和尚享用。這故事流傳甚廣，民間漸漸將當天作為向觀音求財的日子。因此，每年正月廿五晚上，觀音堂門口便擠得水泄不通。當中有生意商人，也有打工一族，踏入子時即進入寺院。那到底又如何借庫呢？原來善信可在廟內取個紅包，然後祈願財運亨通，事事如意。

　　據知向觀音所求的，必須為正財，即正當工作或生意所得。甚至有種說法，如六合彩或者賭馬之類的橫財，可免問了。而更重要的是，有借有還，即年底須向觀音菩薩酬謝和還願。近年由於安全問題，善信不可在現場燒祭品，由廟方代處理。然而現場堆積如山的貢品，需以大型貨車多次往返才能將祭品運往焚燒，可見善信對觀音信仰的重視。

　　講到傳統習俗，有趣的是，每年驚蟄，仍然有市民進行"打小人"。當天，寺院門外不少兼營打小人服務的婦人，專業地一邊拍打人像公仔紙，一邊唸唸有詞。以往打小人在廣東珠三角一帶甚為流行，是一種民間的巫術儀式，人們相信，這樣能幫忙摒除生活中的障礙，小人遠離，令人生更加如意順利。

　　除此之外，觀音堂的法師也因應市民需求提供各種法事，例如為先人打齋超度唸經等。這些宗教信仰活動，已經融入了市民大眾的生活當中了。

孝子財神

近年筆者因進行資料搜集，以及拜祭先人，也經常出入觀音堂，常見世界各地旅者，或參拜、或觀光、或學習，尤其以泰國人甚眾。傳說有信眾在此見過觀音顯靈。筆者無意中經歷的一件趣事，令人相信，觀音堂果然聞名海內外。話說某天，筆者在此寺院拍照及查找史料，在花園內流連之際，一位打扮入時的中年女子，甚為殷切和焦急地與一位師傅在比手劃腳，似乎未能溝通。我好奇看看能否幫忙，了解之下，才知道她來自泰國，會說英文，卻與廟祝未能對話。原來她聽說禪院內有位財神很靈驗，便有意來參拜。同時向我們展示她朋友上載於臉書（Facebook）的資料。細看之下，是穿上麻衣的財神。她說泰國的朋友介紹，所求甚得，故專程前來參拜。

清楚情況後，寺院僧人立即幫忙指引。這位財神被安奉於地藏殿的一角，但見其披麻帶孝，看似略有所思，眼下流着兩行血淚，頭上貼着 "一見生財" 的字句，神情有點憂傷。寺內僧人娓娓道來相關的傳說。有兩種差距甚遠的說法：一是說這位財神原本是

孝子，由於老家的父母生病，他在外地拚命賺錢望可
為兩老治病。然而，不幸的是，待他帶錢回鄉時，父
母已經離世。他傷心欲絕，流出血淚，更決意將身上
所有積蓄和財富捐給其他有需要治病的窮人。而他的
孝道感動了地藏王菩薩，便授命他為孝子財神。而另
一種傳說則幾乎相反，指他生前對父母不孝不敬，更
多番做出令母親生氣之事，最後母親更含淚而終了。
因此，當他醒悟時，後悔不已，哭得眼淚變成血。地
藏王菩薩見其深感懺悔，便安排他作孝子財神，以助

**孝子財神像前可見不同國家信
眾的留言**

有需要的人，漸漸地成了求橫財或偏財的孝子財神。以上均為民間傳說，但告誡世人要守孝道。現時各地來拜孝子財神的信眾不少，從供奉者的留言可見，有多種語言，無形中，這裡也因神緣而成為文化交流之地。

連理樹的淒美故事

觀音堂的後山還有廣闊的花園。只要步入此中，人們總會欣賞那廣為人知的連理樹。這是流傳已久的民間故事，哀怨而動人。張卓夫先生曾整理過故事內容：當年望廈村有位吳姓少女，愛戀鄰村的窮家年輕小夥子，兩人於是私訂婚約，但女方父親是個拜金主義者，嫌貧愛富，要拆散這對山盟海誓的鴛鴦。於是，這對情侶連夜私奔，可惜事敗被捉回。兩人幾經反抗封建專制，最後雙雙投繯，終為情死。村民遂將二人合葬於蟹崗南坡。墓地後來成為觀音堂的後花園，而令人稱奇的是，地上長出生態獨特的連理樹，形成挺拔參天、枝葉繁茂、根莖交纏而生的奇姿。這棵榕樹，已有 300 多年光景，樹的主幹分出 4 株連體枝椏，故稱為連理神木。這個淒美的殉情故事，如梁祝故事一般哀怨感人。人們說這是慈愛的觀音超度所致。

　　由於受到害蟲侵襲，該樹的主幹於 1992 年枯萎。然而，尚幸原樹的枝葉具有極強的生命力，在該處再長出新的榕樹，依然美髯飄拂，狀貌古拙，且日漸茂盛，相當吸引。近年，觀音堂在榕樹旁安置了十二生肖像，像是護法，令環境更加雅致和生動。看來 "連理樹" 故事還會繼續流傳下去，但願 "在天願為比翼鳥，在地願為連理枝"。

連理樹訴説着淒美的愛情故事

蟹山靈地

　　在連理樹的故事中，大家可曾留意到蟹山（又稱蟹崗）之名。說之為蟹山，這也大有故事。首先，主要是因為山麓之下有左右蟹眼石一對，神氣十足，非常神似；而後山的天然造型就如蟹蓋一樣，整體而言，蟹的形態活靈活現。傳說曾經有堪輿家到此察看，一看之下大為驚訝，認為此山乃風水寶地也。原因是此地蟹山，生猛活潑，而觀音殿之神座，剛好就位於蟹口的位置，故該處是風水結穴。傳聞普濟禪院之所以能興盛，乃拜此寶地之靈氣所賜。正是由於蟹崗山名的緣故，所以觀音堂的佈局以綠色為主調，表示生猛活蟹的顏色，而忌採用紅色，因紅色像是煮熟了的蟹，大家自會明白其意。當然，這只是一則趣聞，聽之無妨。

　　其實普濟禪院之後山是一大片花園，枝樹翠綠，該山相對於不遠處的馬交石山以及螺絲山，顯得巍峨壯觀。從山下仰望，遠遠有位瘦骨嶙峋之長者安住於山中亭內，初看令人有點卻步。經寺中僧人解說方知，此乃代表佛祖禁食修行時的相貌，誠為山中一景。除此之外，半山中有一座普同塔，塔內埋葬和安奉了寺院中仙逝的歷代祖師和高僧的骨灰。該塔有如一座古墓，用石材砌成，充滿神秘。塔的後方立有碑誌：

> 本山自天啟三年。由循智祖師斥衣缽資購下。崇禎五年建斯普同塔。雍正癸酉，比丘天樹；乾隆丙午，比丘靜持；同治癸酉，比丘暢瀾，均重修之。至民國丙子，塔漸頹毀，比丘遐齡、比丘濟航經營之，遂成今觀焉。慧因誌

如上提及，慧因和尚訂立的這碑誌，的確留給了人們不少懸念。由於慧因所誌原文沒有標點，筆者嘗試大膽假設，或許其意是："本山自天啟三年〔已經存在〕。〔後來〕由循智祖師所購下。" 否則實在令人費解。這段史料只能留待後人進一步查證了。

再說回來，山後這普同塔最早建於 1635 年，後經過重修，寺廟中人相信，歷代祖師能庇佑後世。除了普同塔之外，後山還有一座 82 人合葬的墓冢。那是由於 1874 年 8 月 12 日，澳門遭遇強烈颱風，死傷

位於後山的其中一塊蟹眼石

寺院後山的普同塔及慧因誌

無數，事後將部分屍體合葬於沙崗。1905 年，由於開闢馬路，因而將沙崗墓地遷移到普濟禪院山上。

少林花拳

　　或許沒有人想到，普濟禪院除了文化氣息濃厚之外，也曾經是一個習武的場地。相傳慧因和尚為少林花拳的高手。二十世紀六十至七十年代時，他與當地一位劉姓的武功高手為好友。劉師傅曾在觀音堂傳授功夫，觀音堂保存了不少相關的照片。拂去歷史的塵埃，我們從當中一幅照片可見，幾位少年在花園習武，其中一位大約十多歲的少年，功架十足，另外兩位似在休息。而相片背後模糊字樣仍依稀能辨："慧因師傅留念：這個是我、這個不是我、誰個是我、我向那裡尋這個我。影中人記"，下款是名字"官培"，時間為"七月二十日"。相中文字是慧因和尚的徒弟所寫，可惜沒有年份。僅是這張發黃的照片，已經留給我們無盡的話題和想像的空間了。

禪院中人在後花園習武的相片及相片背面文字

結語

　　觀音堂在澳門三大禪院中最為壯觀，善信和遊客絡繹不絕，宗教文化資源豐富，是佛教大師靜修南禪洞宗之地，遺存了珍貴風物古蹟，留下了文人騷客的珍貴墨寶。這方古剎既曾見證天朝國運的起伏，也是老百姓精神信仰寄託之地⋯⋯充滿傳奇。

　　經歷數百年，如今的觀音堂依然景致幽靜，花園有月中亭、碑亭、雨華亭、山亭、碑林等，還有很多前人留下的雕塑、書法等，佛教哲理的對聯佈滿寺院，禪機處處，真可謂一花一草一木都是生機，實乃福地也。

主要參考書目

李鵬翥,《澳門古今》,香港:三聯書店(香港)有限公司,1993 年。

姜伯勤,《石濂大汕與澳門禪史:清初嶺南禪學史研究初編》,上海:學林出版社,1999 年。

姜伯勤,〈大汕大師與禪宗在澳門及南海的流播〉,載於《文化》雜誌,第十三、十四期,澳門:澳門文化司署,1993 年。

張卓夫,《澳門民間故事》,香港:三聯書店(香港)有限公司,澳門:澳門基金會,2018 年。

郭美琪、蔡子強,〈參普濟禪院賞聯語詩話〉,載於《澳門雜誌》總一百一十八期,2017 年 7 月。

陳伯陶,《勝朝粵東遺民錄》卷四。

普濟禪院(觀音堂)第十四任住持釋良悟法師提供的禪院史料。

王文達,《澳門掌故》,澳門:澳門教育出版社,

2003 年。

　黃賢輝，〈澳門觀音堂陶塑瓦脊及其文化價值〉，載於《裝飾》雜誌，第八期，2014 年。

　德立・龍巴（Denys Lombard）著、李長森譯，〈德・波瓦公爵在澳門──1867 年 2 月〉，載於《文化》雜誌，第二十三期，澳門：澳門文化司署，1995 年。

　譚世寶，《金石銘刻的澳門史 ── 明清澳門廟宇碑刻鐘銘集錄研究》，廣州：廣東人民出版社，2006 年。

圖片出處

P. 9、16、18、20、34、35、37、41、60、68、78（上）、87、90、91、93、94、95、96、105（下）、113、115、118　楊開荊攝

P. 15　吳利勳先生提供

P. 105（上）　美國國會圖書館

P. 26　皮埃爾·羅西爾攝

P. 31　出自利冠棉、林發欽《明信片中的澳門：19－20 世紀》

P. 39、44、48、52、66、71、72、73、78（下）、79、80、81、84、85、86、88、120　澳門普濟禪院（觀音堂）僧侶慈善會提供

P. 56　出自廣州美術館